Jeno Hubay, François Coppée, Henri Beauclair

Der Geigenmacher von Cremona

Oper in 2 Acten = Le luthier de Crémone : Opéra en 2 actes

Jeno Hubay, François Coppée, Henri Beauclair

Der Geigenmacher von Cremona
Oper in 2 Acten = Le luthier de Crémone : Opéra en 2 actes

ISBN/EAN: 9783337384272

Hergestellt in Europa, USA, Kanada, Australien, Japan

Cover: Foto ©Thomas Meinert / pixelio.de

Weitere Bücher finden Sie auf **www.hansebooks.com**

JENÖ HUBAY
DER GEIGENMACHER VON CREMONA

Oper in 2 Acten

LE LUTHIER DE CRÉMONE
OPÉRA EN 2 ACTES.

POËME DE
F. COPPÉE & H. BEAUCLAIR.

Vollständiger Klavierauszug mit deutsch.
und franz Text   Mark 10 netto

Vollständiger Auszug für Klavier allein   5

Potpourri für Klavier zu 2 Händen   3

    "   "   zu 4 Händen .   4

Einzelne Gesangsnummern mit deutschen und franz. Text:

1. **Giannina's** Vöglein (für Sopran)   Mark 1.50

2. **Giannina's Lied** Es sind meine ersten Sorgen
   für Sopran   1.50

3. **Ferrari's** Arie von der Geige (für tiefe Stimme)   1.50

4. **Filippo's** Inspiration Jede r Tag ist vor die Sonne
   aufgegangen (für Bariton)   1.50

5. **Filippo's** Liebeserklärung Was schluchzt Ihr
   Ihr weint (für Bariton)   1.50

6. **Liebesduett** (Sandro-Giannina) (für Sopran und
   Tenor)   2

7. **Sandro's** Erzählung Denk es war gestern
   Nacht (für Tenor)   2

Das Violin Solo.

Für Violine mit Klavierbegleitung   Mark 1.50

Zither (Wiener Stimmung)   1.50

Cymbal   1.50

Harmonium   1.50

Klavier allein u. leichter Fantasiestücken   2

AUSSER FRANKREICH U. BELGIEN FÜR ALLE LÄNDER EIGENTHUM DER

MUSIKVERLAGS-ACTIEN-   GESELLSCHAFT „HARMONIA"

ZONGORA-RAKTÁR

VÁCZI UTCZA 9   VÁCZI UTCZA 9

— BUDAPEST —

LE LUTHIER DE CREMONE

DER GEIGENMACHER VON CREMONA

TABLE

LE LUTHIER DE CREMONE

Poëme de
F. COPPÉE et H. BEAUCLAIR.

Musique de
JENÖ HUBAY.
(Op. 40)

INTRODUCTION.

DURDILLY, Editeur, 11bis bd Haussmann, Paris

D . 4648.

Allegro non troppo. (♩. = 100)
pp
staccato.
un poco allargando.
cresc.
mf
cresc.
Poco più vivo. (♩. = 120)
f
mf
m.g.
m.g.
m.g.

f
cresc.
ff
cresc.
mf
cresc.
f
cresc.
ff
Andante cantabile. (𝅗𝅥 = 69)
ff
m: s:
cresc.

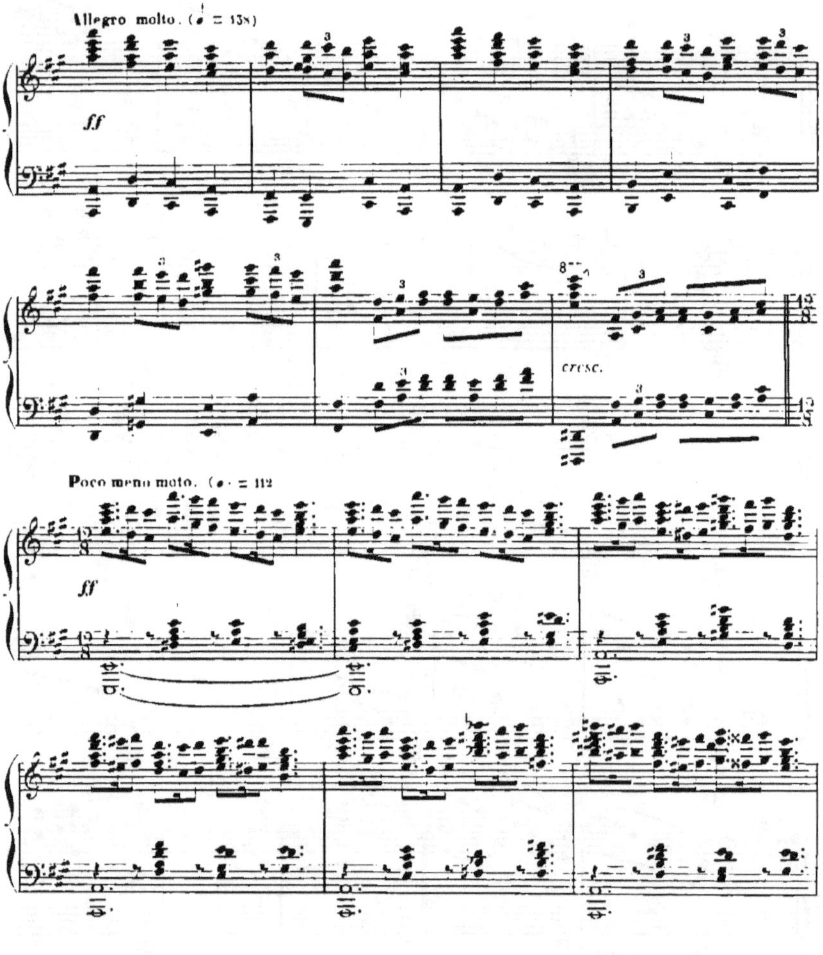
Allegro molto. (♩. = 138)
ff
cresc.
Poco meno moto. (♩. = 112
ff
cresc.
ff

ACTE I.

Dans l'atelier de Maître Ferrari. 1ᵉʳ luthier de la ville. Au fond, une vitrine avec une grande porte s'ouvrant sur une rue de la ville dont on aperçoit les maisons. Des violons, des violoncelles, des basses et d'autres instruments de musique sont épars dans l'atelier. A gauche, un comptoir, bien en vue. A droite, un grand fauteuil près d'une table. Au fond à droite un pupitre. Deux portes latérales.

In der Werkstatt des Meisters Ferrari ersten Geigenmachers von Cremona. Hinten ein Schaufenster mit grosser Thür, d'e sich nach der Strasse hin öffnet; durch das Glas sieht man die Häuser der Stadt. Violinen, Violoncellos, Bassgeigen und andere Musikinstrumente liegen zerstört umher. Links vom Ladentisch, recht vorn ein hoher Lehnsessel vor einem Tische. Im Hintergrunde rechts ein Pult. Zwei Seitenthüren.

SCÈNE I

notre mé - ri - te.
Nous som - mes com - me l'i - ma - gier
lohnt uns der Meis - ter.
Auf un - ser Hand - werk sind wir stolz
no - tre mé - ri - te.
Nous som - mes com - me l'i - ma - gier
ff
mp
mf
Qui fa - bri - que le bé - ni - tier Nous som - mes com - me l'i - ma - gier
o wie süss er - klingt das Holz. Wir sind auf un - ser Hand - werk stolz
Qui fa - bri - que le bé - ni - tier Nous som - mes com - me l'i - ma - gier
cresc.
Qui fa - bri - que le bé - ni - tier Où le prê - tre met l'eau bé - ni - te
o wie süss er - klingt das Holz. kan - nen wir der Tö - ne Geis - ter
Qui fa - bri - que le bé - ni - tier Où le prê - tre met l'eau bé - ni - te

Poco meno.
(Ils jouent de leurs instruments)
(Sie streichen ihre Instrumente)
7

SANDRO (nerveux)
(nervös)
Tempo 1°
Vi_o_lons et vi_o_lon_cel_les Ont des grin_ce_ments de cré_cel_les!
Eure Gei_gen unleidlich schnar_ren Ihr spielt ja so falsch wie die Nar_ren!
cresc.
Poco meno.
mi mi
Si si si si tra la la la tra la la la tra la la la la!
Ut re mi fa
Mi mi mi mi mi mi tra la la la tra la la la tra la la la la!
Ut re mi fa sol la
la la la la la la la la tra la la la tra la la la tra la la la la!
Ut re mi fa sol la la la
mi mi
si si si si tra la la la tra la la la tra la la la la!
Ut re mi fa.
mi mi mi mi mi mi tra la la la tra la la la tra la la la la!
Ut re mi fa sol la
la la la la la la la la tra la la la tra la la la tra la la la la!
Ut re mi fa sol la la la.

Tempo 1°
SANORD
Al-lons chut!
Hört ihr nicht!
Vous jou-ez
Kein Ton ist
tr
cresc.
faux! Que l'on s'ac-cor-de Vous, le mi Vous, le
rein! Wollt Ihr nicht stim-men Lasst es sein! Lasst es
sol! Ser-rez donc plus fort cha-que cor-de! Vous jou-ez
sein! Ei-nen En-gel müsst es er-grim-men! Kein Ton ist
faux que l'on s'ac-cor-de!
rein! Wollt Ihr nicht stim-men!
Poco meno.
mi mi
Si si si si
Ut re mi fa
Mi mi mi mi mi mi
Ut re mi fa sol la
La la la la la la la la
Ut re mi fa sol la la la

tra la la la tra la la la tra la la la la!
tra la la la tra la la la tra la la la la! mi mi
ut re
tra la la la tra la la la tra la la la la! la la la la
ut re mi fa
mf
cresc.
mi mi
SANDRO
si si si si tra la la la tra la la la tra la la la la Les
ut re mi mi
Die
mi mi mi mi tra la la la tra la la la tra la la la la
mi fa sol la
la la la la tra la la la tra la la la tra la la la la
sol la la la
f
cresc.
bas - ses et les con - tre bas - ses Ont - el - les bien des
Bäs - se die so greu - lich grun - zen wer - den die Har - mo -
p tr...
no - tes gras - ses Com - me le veut no - tre cu - ré
- nie ver - hun - zen und je - der - mann lauft Euch da - von!
f
mf

mi mi
si si si si tra la la la
Ut re mi fa
mi mi mi mi mi mi tra la la la
Ut re mi fa sol la
la la la la la la la la tra la la la
Ut re mi fa sol la la la
mf
cresc.
f
tra la la la tra la la la la!
si si
ut re
tra la la la tra la la la la!
mi mi mi mi
ut re mi fa
tra la la la tra la la la la!
la la la la la la
ut re mi fa sol la
cresc.
mi mi.
si si. tra la la la tra la la la tra la la la la!
mi fa.
mi mi. tra la la la tra la la la tra la la la la!
sol la.
la la. tra la la la tra la la la tra la la la la!
la la.

SANDRO.

Les gui - ta - res les man - do - li - nes Pour char - mer les o - reil - les
Hat wohl ei - ne der Man - do - li - nen, der Gui - ta - ren und Vi - o -

fi - nes, Ont - el - les le son que voi - ci? (Sandro prend en main une mandoline.)
- li - nen, nur ei - ne den rich - ti - gen Ton? (Sandro nimmt eine Mandoline in die Hand.)

mi mi
si si si si
Ut re mi fa
mi mi mi mi mi mi
Ut re mi fe sol la
la la la la la la la la
Ut re mi fa sol la la la

tra la la la tra la la la tra la la la la.
si si
Ut re
cresc.
tra la la la tra la la la tra la la la la. mi mi mi mi
Ut re mi fa
tra la la la tra la la la tra la la la la. la la la la la la
Ut re mi fa sol la
SANDRO.
Più vivo.
mi mi.
si si. tra la la la tra la la la tra la la la la.
mi fa.
mi mi. tra la la la tra la la la tra la la la la.
sol la.
la la. tra la la la tra la la la tra la la la la.
la la.
De l'hom-me le plus
O glück-lich wer nicht
sourd ah! vous trouble-riez la bi - le!
hört! Wer Oh - ren hat der ist em - pört!

(Les précédents. puis Ferrari, qui entre pendant le vacarme.)
(*Die Vorigen und Ferrari, der während des Lärmens eintritt.*)

SCÈNE II.

PIANO. Moderato

FERRARI.

Com . pa . gnons ap . pre . nez que. no . tre po. des . tat Sa .
Mei . ne Freun . de ver . neh . met uas beschlos . sen hat zu

. chant que les lu . thiers ho . no . rent son E . tat! Vient de lé . guer sa
Eh . ren uns . rer Kunst der Rath die . ser Stadt Ei . ne Ket . te

chaine en or à l'homme ha . bi . le Qui fe . rait le meil . leur vi . o . lon de la
schwerren Gol . de der ver . die . ne der an . fer . ti . get hat die bes . te Vi . o .

poco rall.
vil - le! Vous vo - yez mon é - mo - ti -
- li - ne! Wer was kann stel - le sei - nen
poco rall.
- on!
Mann!
Vi - ve le po - des - tat! Vi - ve le po - des - tat!
O will komm - ne Kun - de! O be glück - te Stun - de!
Vi - ve le po - des - tat! Vi - ve le po - des - tat!
a Tempo.
FERRARI.
Vi - ve le vi - o -
Seht Eu - re Gei - gen

LA CHANSON DU VIOLON.

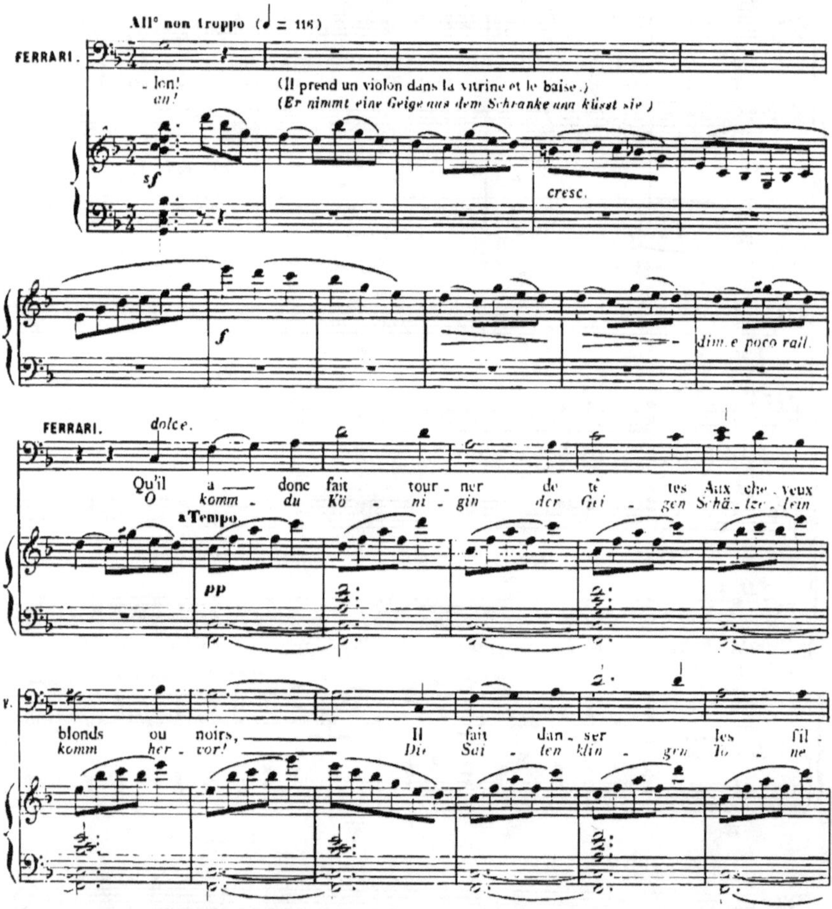

Allegro.
des ormeaux! Hé! point de noces, point de fêtes
je - des Ohr! Bei Tanz und Hoch-zeit Spiel und Rei-gen
Allegro.
cresc.
Où ses sons é-gay-eurs ne char-ment les é-chos!
weckt dein süs-ser Schall im Her-zen Wie-der-hall!
Sop.
cresc.
Que de gai-té dans un flon flon! Vi-ve, vi-ve
Ten.
cresc.
Der In-stru-men-te Kö-ni-gin du be-zau-berst
Bass.
cresc.
Que de gai-té dans un flon flon! Vi-ve, vi-ve
cresc.
le vi-o-lon Vi-ve, vi-ve le vi-o-lon!
Herz und Sinn du be-zau-berst Herz und Sinn!
le vi-o-lon Vi-ve, vi-ve le vi-o-lon!

Tempo I°
FERRARI.
p dolce.
Quand l'ar - tiste a l'â - me
Was ein Ar - mer sei - ner
Tempo I°
sf
pp
cresc.
tendre, Il chan - te ses a - mours
Schö - nen nie zu sa - gen wagt
Sur ce
weil sein
bel ins - tru - ment!
Mund ver - zagt
pp
A l'ai - mée il fait en -
das ver - traut er dei - nen
pp
- ten - dre Ce que n'o - se - rait pas a - vou - er un a - mant
Tö - nen und er ju - belt und klagt und er ju - belt und klagt!

Più vivo.
Hé! point de no - ces, point de fê - tes
Bei Tanz und Hoch - zeit, Spiel und Rei - gen
Più vivo.
dim.
cresc.
Où ses sons é - gay - eurs Ne char - ment les é - chos!
weckt dein süs - ser Schall im Her - zen Wie - der - hall!
Soprani.
Sour - ce de douce é - mo - ti - on! Vi - ve, vi - ve
Tenori.
Der In - stru - men - te Kö - ni - gin du be - zau - berst
Bassi.
Sour - ce de douce é - mo - ti - on! Vi - ve, vi - ve
cresc.

(On entend Giannina qui chante dans sa chambre.)
(Man hört Giannina in ihrem Zimmer singen.)

CHANSON DES OISEAUX.

(Dans la coulisse.)
(Hinter der Scene.)

Allegretto con moto. (♩ = 144)

GIANNINA.

mf

Par les bran - ches
Tief ver - steckt von

PIANO

f   *dim.*   *pp*

dé - sor - don - né - es L'é - tang est a - bri - té
Bü - schen und Bäu - men weiss ich den schön - sten Ort;

cresc.

mp

Cam - pa - nu - les et gra - mi - né - es Y pous - sent en li - ber -
Un - ge - stört in duf - ti - gen Träu - men ath - men die Blu - men

p   *cresc.*

_.té_____ J'y vais voir quand mi _ di flam _
_dort_____ Oft schleich' ich hin auf heim_li_chen

boi e Les pe_tits oi _ seaux qui s'y bai _ gnent plein de
Pfa den, wenn im Mor_ gen_thau froh die Vö_ ge_l in sich

joi e_____ ah! ah! ah!_____ L'oi _
_ba_____ den. la, la, la!._ Doch

_.seau que j'at_tends N'y vient pas sou_vent sans dou _ te _____ Puis_
_wart' ich auch still, mein Vö_gel_chen will nicht kom _ men, _ und

cresc.
-que je n'ai pas en - cor vu ses pas Mar - qués sur la rou - te Pe-
lausch' ich auch lang, dem süs - se - sten Sang ich hab' ihn nie ver - nom - men! O
cresc.
cresc.
-tits oi - seaux di - tes - moi dans quel ar - bre, sous quel toit Se
sagt mir, ihr Vö - ge - lein, sagt, wo mag mein Lieb - ling sein, Auf
cresc.
ca - che ce vo - la - ge Que je veux mettre en ca - ge Oi -
dass ich hin - ge - lan - ge, den lo - sen Vo - gel fan - ge! O
ff
f
-seaux di - tes - moi? oi - seaux di - tes - moi...
sagt, Vö - ge - lein, wo mag er wohl sein?
tr.
ff

Moderato (♩ = 112)

FERRARI

Hein? Que pensez-vous de ce tril _ le?
Nun? Habt Ihr den Tril _ ler ver _ nom _ men?

Moderato.

Je ne vous ai pas tout appris en _ cor!
Wisst. ich suche längst einen Tochter _ mann!

Comme il faut à tout bon ar_tiste u _ ne fa _ mil _ le,
Haus und Herd sind es, die dem wahren Künstler from _ men:

A ce-lui là   qui va ga-gner la chaî-ne d'or   Je pro-
Drum sag' ich Euch   wer je-nen Eh-ren-preis gewann,   *soll da-*

mets de don-ner ma mai son   et ma fil _ le!
-zu noch mein Haus und mein Mäd-chen be-kom - men!

Soprani.
Vi - ve la fi - an - cé - e!

Tenori.
Ha,   wel-che Ü-ber-ra - schung!

Bassi.
Vi - ve la fi-an-cé - e!

SCÈNE III

Les précédents, GIANNINA.

Die Vorigen, GIANNINA.

FERRARI.

SANDRO.

Est-ce bien vrai? Mais oui! Le con_cours est ouvert et se juge aujour_
Meint Ihr's im Ernst? Ja, ja! Und der Wettstreit ist heut, die Ent_schei_dung rückt

PIANO.

_d'hui! Met_tez vos habits de fê_te Compa_
*nah! Zum Fes_te kommt im Feier Klei_de! Noch ein_*

_gnons et sur ma tê_te Ce_lui qui se_ra vain_queur De_
mal. bei mei_nem Ei_de! Wer heut__ als Sie_ger er_scheint wird

Allegro molto.

_main vain_queur__ De_main de_vien_dra mon gen_
*mor_gen mit ihr__ ver_eint. soll Haus und Mäd_chen ha_*

Tempo 1º

(Sur un signe de Ferrari, tout le monde quitte l'atelier. Sandro, en soupirant, sort le dernier.
(*Auf einen Wink Ferrari's verlassen alle die Werkstadt. Sandro geht seufzend als Letzter ab*.

_dre!
ben!

Soprani.

ff Vi _ ve la fi_an_cé _ e! Vi _ ve la fi_an_cé _ e

Tenori.

mf

Das sind köstliche Ga _ ben! Das sind köstliche Ga _ ben!

Bassi.

mf

ff Vi _ ve la fi_an_cé _ e! Vi _ ve la fi_an_cé _ e

ff   *mf*   *f*

Regards échangés entre lui et Giannina)
Mienenspiel zwischen ihn und Giannina)

mf   *cresc.*   *ff*

mf   *dim.*

(Ferrari reste avec Giannina seule)
(*Ferrari bleibt mit Giannina allein*)

p

D. 9618.

SCÈNE IV

FERRARI, GIANNINA.

FERRARI, GIANNINA.

GIANNINA.

Oh! que viens-je en _ ten _ dre? Je vais me ma _ ri _ er, moi? Oui, je com_
*Ihr wolltet mich ver _ mü _ len? Ein Scherz um mich zu quä _ len? Nein, s'ist wahr_*

_ prends ton émoi! Tu seras mariée et de cet_te ma _ niè _ re! Je
_haf_tig kein Spass! Wohl bedacht ich mir das, und ich hab' es te _ schwo_ren! Und

GIANNINA.

vous ai dit que j'ai quelqu'un que je pre _ fè _ re! San
wenn ich ei _ nen Andern schon mir aus_er_ko _ ren? Den

FERRARI.

GIANNINA.

dro? Tu l'oublie_ras! Tu l'oublie _ras! Mais si cet
San_dro schlag Dir aus dem Sinn, ja, aus dem Sinn! Wie a_ber

FERRARI.

in_connu n'é_tait pas hon_nête homme! Chez les lu_thiers, ca
wär's ein Thor, ein Va_ga_bund, ein Schur_ke? Ein sol_cher kommt in

GIANNINA. _poco accell._

ne s'est ja_mais vu! S'il n'al_lait ja_
uns'rer Zunft nicht vor! Doch wenn er zur
poco accell.

_mais à la mes_se? S'il n'est pas bon chrétien,
Mes_se nie_mals geht? Der ist ein gu_ter Christ

a Tempo.
FERRARI.
a Tempo.

D 5958

GIANNINA.

il se _ ra bon luthier *mf* S'il s'a _ ban _ donne à la pa _ res _
wer sei _ ne Kunst versteht! Liess er im Schosse sei _ ne Hän _ de

FERRARI. *f*

_ se? E _ tant pa _ yé plus cher il peut moins tra _ vail _
ruhn? Wer tüch _ tig wird be _ zahlt. der braucht nicht viel zu

GIANNINA. *poco a poco accell. cresc.*

_ ler! *mp* Ce _ lui dont vous fe _ rez mon
thun! Je _ doch. wenn je _ ner Preis _ ge _

mf *cresc.*

mai tre Se _ ra peut _ être un bu _ veur moins _ tru _
krön _ te au wüs _ ten Trunk sich ge _ wöhn _ t, sich

cresc. *mp* *cresc.* *mp*

a Tempo.

eux par le vin a lour di!
täg _ lich be _ rausch _ te mit Wein?

FERRARI.

Res _ pect aux a _ ma _ teurs des ven _ dan _ ges d'oc _ to _ bre! Un
In mei _ ner Ach _ tung würd' er des _ halb noch nicht sin _ ken! Ein

bon mu _ si _ ci _ en ne doit pas ê _ tre so _ bre! Nous trin _ que _ rons tous
rechter Mu _ si _ kant muss auch was Rechtes trin _ ken! Wir ze _ chen dann zu

deux, en _ semble le lun _ di! L'ob _ jec _ ti _ on n'a rien de gra _ ve!
Zwei'n in fröh _ li _ chem Ver _ ein! Dein Zweifeln gilt mir kei _ nen Hel _ ler!

Poco più vivo.

A pro _ pos, je vais à la ca _ ve, Chercher
A _ ber halt ich muss in den Kel _ ler, ich trank

quelques flacons, car le plus grand plai _ sir A _ vant de boi _ re un vin,
heu _ te noch nichts, und der Durst nicht Qual! Ja vor' nem gu _ ten Trunk,

C'est d'al_ler le choisir! C'est d'aller _ le choisir! (Il sort en fredonnant)
bleibt das Schöns_te doch die Wahl, bleibt das Schönste doch die Wahl! (Er geht trällernd ab)

Plus la bouteil _ le Est vieil _ le...
Welche der Fla _ schen, ja wel _ che?

cresc. *mf* *cresc.*

GIANNINA. seule.
GIANNINA. allein.

Allᵗᵒ con moto.

PIANO.

mf

poco rall.

GIANNINA. *p* Poco meno. (♩ = 63) *f*

Vous bri_sez les es_poirs rê_vés, O mon pè - re,
Du zer_stör_test den fro_hen Muth, Du, mein Va - ter, Du_

p cresc.

mf cresc. *mf*

Vous qui m'a_vez ain_si qu'u_ne pe_ti_te rei - ne, Comblée et d'amour et de
der sonst so gut! Ich fühl_te mich so sanft ge - bor - gen! Einst so leicht das Herz, nun so

mf cresc. *mf* *p*

p *f*

soins Est-ce donc que vous m'aimez moins? C'est ma pre_miè - re pei - ne!
schwer, Liebst dein Töchter_lein Du nimmer mehr? Es sind die er - sten Sor - gen!

pp *mf* *p*

D. 4648.

O malheu.reu.se Gi.an.ni.na San.dro, ce.lui que j'ai.me
Ich Unglück.sel.ge, was fang ich an? Mein San.dro, den ich lie.be,

n'a que ma pro.mes.se hé.las! trop vai.ne! Je l'a.
kann ver.lo.ren sein für mich schon mor.gen! Er al.

a Tempo.

.dore, et pourtant. de.main Peut-être un autre aura ma main C'est ma pre.
.lein ist's, der mir ge.fällt doch wenn ein An.drer mich er.hält! Es sind die

.miè.re pei.ne, C'est ma premiè.re pei.ne!
er.sten Sor.gen, es sind die er.sten Sor.gen!

SCÈNE VI

(GIANNINA, SANDRO. Ce dernier est entré pendant les dernières p... tes de Giannina, et dépose un violon qu'il a sous son bras, dans un étui noir, sur la table de l'atelier)

(GIANNINA, SANDRO. *Letzterer ist während der letzten Strophe eingetreten und hat eine von ihm mitgebrachte Violine (in schwarzem Kasten) auf den Ladentisch gestellt*)

SANDRO.
Eh bien, si-gno-ri-na?
Wie geht es Gian-ni-na?

GIANNINA.
C'est vous San-dro, c'est
Weit schlechter als es

vous?
soll!

SANDRO.
Di-tes quel-les nouvel-les?
Gar kein günsti-ges Zei-chen?
Le mai-tre gar-de-t-il tou-jours ses projets fous?
Betreibt der Meis-ter sei-nen Plan? Ist er so toll?

O vo-lon-té cru-el-le!
Er lasst sich nicht er-wei-chen!

SANDRO.
Je me sais un ri-
Mein Herz ver-

-val de qui je suis ja-loux!
zehrt ein ei-fersücht'ger Groll!

GIANNINA.
Le-quel?
Weshalb?

SANDRO.
Ah! puis-siez
La-che mich

D. 4648.

Andante con moto. (♩ = 66) *p dolce.*

vous ne ja_mais le con _ nai _ tre!
aus, seh'und hör' ich Ge _ spen _ ster!

pp

Oui, c'était l'autre
Denk' es war gestern

cresc.   *f*

nuit, j'étais à ma fe _ nê _ tre   Et je pensais à vous de _
Nacht! ich stand allein am Fen _ ster, hell schien der Sterne Pracht und

cresc.   *mf*

dim.   *nP*

_vant le ciel d'é _ té   Dans le jardin, par_mi la fraîche obscuri_té,
Dein hatt' ich ge _ dacht...   Vom Garten her klang süss und hell das Abendlied

dim.   *P*

Un ros_si_gnol chan _ tait,   et ses no _ tes per_lé _ es Mon_
der Nach ti_gall he _ rauf.   Voll von Lust ____ und Leid drang ihr

cresc.

_taient é_perdument aux vou _ _ tes é_toi _ lé _ _ es | Tout à coup j'enten_
Sang gar weit bis an der Ster _ _ ne gold'ne Bahn _ _ | Doch was ist's ein

poco cresc. e accell.

_disdans l'ombreun au_tre chant | Aus_si di_vin aus_si su_ blime aus_si touchant | Que ce
andrer Sang im Hain er_klang | so wundersam und göttlich schönals war's ein hö _ herer

pp poco a poco cresc. e accell

lui de l'oiseau | Je me pen che et re_gar_ de, | Et je vois le bos
Sphä_rengetön. | In das Dun_kel dringt mein Au_ge, | und ich seh'den Buckel_

su | Tout seul dans sa man sar_ de | As_ sis à son pu_pitre et l'ar_
_mann | dort ü_bers Pult ge _ blickt _ _ | Und sieh'die Geige hält er an's

Molto meno moto,
con espressione.

_chet à la main.   Son vi_o_lon   a_vec un ac_cent   presque hu_
Herz fest gedrückt.   *Die Geige* *ist's* *der er* *diese Tö_* *ne ab_* *ge_*

Molto meno moto.

espressivo.

p

_main,   Expri_mant   un a_mour ____ où la dou_leur   se_
_*wann,*   *Es er_zähl_* *te* *von Lie_* *bes leid und Lust* *ih_re*

mè_   le,   E_ga_lait en douceur la voix de Philomè_ le   Le plaintif instru_
*See_* *le,* *Und sie schluchzte und klag_* *te gleich der Philomä_* *le:* *Es er_fül_let das*

f

_ment,   l'oi_seau sentimental Al_ter_naient dans la nuit leurs trilles de cristal;
All   *mit* *ihren Klag+lied,* *da das Sai_* *tenspiel dort die* *süsse Nachtigall;*

p

poco rall.

tr

pp

poco rall.

Un poco più vivo. (Tempo I°)

Et moi-même, é _ cou _ tant l'harmoni _ eu _ se lut _ te, Je
Hör _ te gar lan _ ge zu und wuss _ te bald nicht län _ ger wer

poco a poco animato e cresc.

ne dis _ tinguais plus, au bout d'u _ ne mi _ nu _ te Le _ quel de ces deux chants, pre _
in dem stillen Hain der süs _ sen Tö _ ne Sän _ ger, War es der Gei _ ge Lied, War

poco a poco animato e cresc.

_ nant ain _ si leur vol, Ve _ nait _ du vi _ o _ lon ou
es des Vo _ gels Leid, Was mir _ mit Trau _ rig keit er

poco rall.

bien ah! du ros _ si _ gnol.
füllt ach! das Her _ ze mein.

e dim.

suivez.

a Tempo.

GIANNINA. All. non troppo.

Le succès d'un ri - val vous rendrait aussi tris - te? Ah! C'est un sentiment in-
Kann des Ri - va - len Glück dir al - len Muth he - neh - men? Ah! Wohl hast du Recht, ich

mf SANDRO. cresc.

cresc.

fp / sf / sf

- di - gne d'un ar - tis - te. Mais si je n'ai pas vo - tre main j'en mour - rai!
sollte dess'mich schämen. Du in ei - nes Andern Arm s'wär mein Tod!

f / mf / f / sf / pp / cresc / f

GIANNINA. cresc. Meno moto.

Et mon père dit que je vous oubli - rai!
O hartes Loos, das uns beiden droht!

ff / rall.

DUO D'AMOUR

SANDRO. All^o ma non troppo. (♩ = 112)

mf dolce.

Quoi? m'ou - bli - er? moi, Gi - an - ni - na Je
Dich las - sen? Nein! Hör mei - ne Kla - gen! Ge-

p

GIANNINA.
dolce.
mf
te re_vois pe_tite à l'a_te_lier Cou_rir et jou_
denkst Du wohl der Zeit, du, du noch klein? Gern sprang ich hier her_
pp
_er Vive et mu_ti_ne In_sou_ci_ante a_vec le plus
_ein Das war ein Ja_gen, ein Tan_zen, La_chen, Schrei'n! Stets bei
SANDRO.
mf
jeune ou_vri_er! Et vous é_tiez comme u_ne sœur ca_
Dir nur wollt' ich sein! Auf mei_nen Hän_den hab' ich Dich ge_
GIANNINA.
SANDRO.
f
_li_ne! Bien loin sont ces jeux où nous a_vons tant ri! Et
_tra_gen! Wie weit liegt das nun, wie schnell die Zeit ver_rann! Weisst

vous, vous m'ap - pe - liez dé - jà vo - tre ma - ri! Eh bien, tu le se -
Du schon da - mals nann - test du mich Deinen Mann! So nennt ich gern Dich

GIANNINA.

_ ras San - dro _ San - dro tu le se - ras quand mê - me! J'en
heut! Ich schwör's _ ich schwör's kein An - drer wird es wer - den als

fais ser - ment, je t'ai - me! Tu vas ré - sis - ter dis-moi San - dro!
Du mein Schatz auf Er - den! O Gott, könnt' es mög - lich sein Mein San - dro,

SANDRO.   GIANNINA.

Ah! prends moi dans tes bras! Tu veux être a
ja, Dich lieb ich al - lein! Du bleibst e - wig

SANDRO.

B. 1628

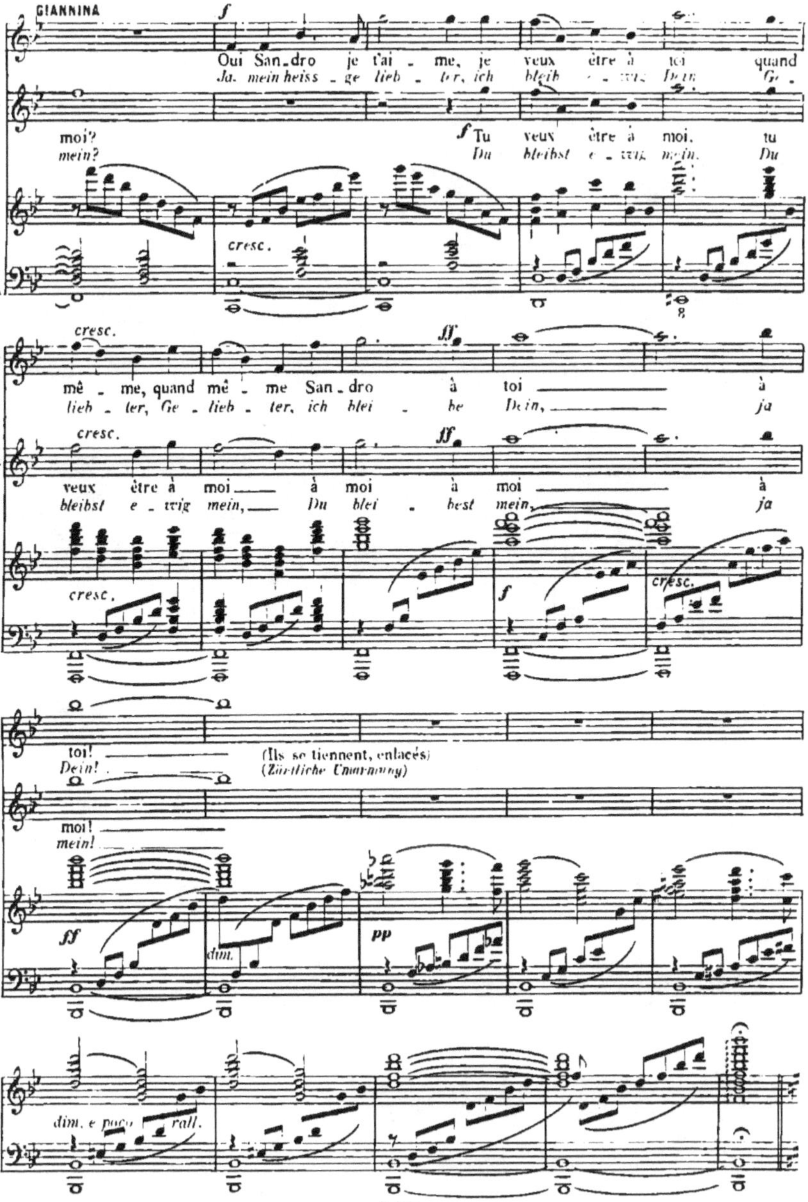

SCÈNE VII

Les Précédents, FERRARI.

Die Vorigen, FERRARI.

(il sort de la cave, portant deux bouteilles en mains. En l'apercevant Sandro et Gian-
(*Kommt aus dem Keller mit zwei Weinflaschen, bei seinem Erscheinen führen die Lieben-*

PIANO.

nina se séparent vivement. Plus tard, chœur dans la coulisse)
den scheu auseinander. Zuletzt Chor hinter der Scene)

FERRARI.

(persifleur)
(*spottend*)

Bra — vo! Bra.vo! mes a moureux Vous a _ vez des airs
Sieh da, sieh da, das jun _ ge Blut! Die hei _ sse Rö _ the

lan _ goureux Qui me rap _ pel _ lent ma jeu _ nes _ se qui me rap _ pel _ lent ma jeu
steht Euch gut! Grade so macht' ich's in der Ju _ gend grade so macht' ich's in der

a Tempo.

_ nes _ se! Ma pa _ ro _ le j'en suis tou _ ché Et tu sais, mon San
Ju _ gend! Ganz er _ grif _ fen bin ich jetzt, Dich Ge _ sell, hab' ich

(à Sandro)
(*zu Sandro*)

cresc.

.dro que j'ai pour toi quel.que peu de ten.dres . se!
stets geschätzt als Mus . ter der männ.li . chen Tu . gend!

Ah! __ mais
Ja! __ Ihr

poco rall.

cresc.   dim.

quand à rou.cou.ler ainsi Près de la bel.le que voi.ci, Nenni, mon San
seht, ich bin nicht schlecht gelaunt, a.ber ein we.nig doch erstaunt, des rühren.den

a Tempo.

poco rall.

cresc.

.dro, je t'ar.rê.te, Nen.ni mon San.dro je t'ar.rê.te! As-tu des
Fall's nicht ge.wär.tig, des rüh.ren.den Fall's nicht ge.wär.tig, San.dro

cresc.

chan _ ces d'ob _ te _ nir Au con _ cours que l'on va te _ nir_____ La chai _
tragst wohl un _ term Kleid, schon das gold _ ne Ehren _ ge _ schmeid? Wo bleibt

Più vivo.
(il montre son étui)
SANDRO. *(auf den Tisch deutend)* GIANNINA.

ne d'or? *mf* Mon œuvre est prê _ te *mf* Vous au _ rez
Dein Werk? Ich hab' es fer _ tig. Er erhält

a Tempo.

SANDRO. *f*

le prix! Non! Ce se _ ra le bos _ su Ah!_____
den Preis! Nein, der Buckli _ ge sticht mich aus! Ah!_____

GIANN. (à Ferrari)
ff (zu Ferrari)

Chœur des gamins (dans la coulisse)
Chor der Gassenbuben (hinter der Scene)

Pe _
Da

___ Mau _ dit soit le jour ou vous l'a _ vez_____ re _ çu!
___ der bö _ se Feind bracht uns den_____ in's Haus!

All° molto. (♩. = 112)
_tit bos_su! Eh! pe_tit bos_su! Viens que l'on te ros_se! Pe_tit bos_su! Eh! pe_
kommt er an der Bu_ckelmann Legt ihn in die La_de! Da kommt er an der
All° molto.
_tit bos_su! Pour rentrer ta bos_se! Le bos_su!
Bu_ckelmann! Streicht den Bu_ckel gra_de! Bu_ckel_mann!
poco a poco
mf
cre_scen_do e accel_leran_do
Le bos_su! Le bos_su!
Bu_ckel_mann! Bu_ckel_mann!
ff
Le bos_su! Le bos_su! Le bos_
Bu_ckel_mann! Bu_ckel_mann! Bu_ckel_

48

SCÈNE VIII

Les Précédents, PHILIPPO (qui entre en coup de vent)
Die Vorigen, FILIPPU (der zur Thür hereinstürzt)

0. 4848

Allegro moderato (♩=104) PHILIPPO. mf
vint! Ils é _ taient quinze ou vingt un
schehn! Es wa _ ren mehr als Zehn von
sf p
cresc.
tas de rien qui vail _ le Frap _ pant un chien boi _
Bu _ ben ei _ ne Ban _ de, die quäl _ ten ei _ nen
cresc.
ff
teux au pied d'u_ne mu _ rail _ le! J'eus le
Hund, der kaum zu gehn im Stan _ de! Sein Ge _
ff
p
f
cœur soule _ vé d'un dou_leu _ reux é_moi! Je croy _
heul schnitt ins Herz mir, er er _ barm _ te mich, mei_nen
cresc.

...ais voir souf - frir un humble comme moi!
Lei - dens - ge - führ - ten woll - te schützen ich!

_Brave - ment je m'é - lance au sein_____ du po - pu_
Un - ter - weil stürz ich mich ent - ge - gen je - nem

- lai - re: J'ex - ci - te leur co - lè - re!
Schwar - me und brauch - te mei - ne Ar - me!

Ah! _L'on ne songe plus à la bête a pré - sent!_
Da _von dem Thiere fort hat sich Al - les ge - wandt_

La - pi - der un bos - su C'est bien plus a - mu -
in dem Buck - li - gen ward ein bess - res Ziel er -
- sant!
kannt!
mp
Les gamins m'ont sui - vi de ru - elle en ru -
Jagd auf mich machten sie, immer schnel - ler und ge -
cresc.
cresc.
- el - le Que l'en - fance est cru -
schwin - der O wie grau sam sind

_ el _ le!
Kin _ der!

Mais j'ai pu m'en _
Heil kam ich nach

_ fuir de _ vant eux!
Hau se noch zur Stund!

dim. *mf*

espressivo.
mp

Et j'ai sau _
Am Le _ ben

dim. *p*

cresc.

_ vé la vie au pau _ vre chien boi _ teux!
_ luck _ lich blieb der ar _ me. lah _ me Hund!

GIANNINA. *mf*

Du
Ihr

dim. *f*

Andante.
Più vivo.
sang au front? (elle essuie avec son mouchoir, le front de Philippo)
blu_tet ja? (sie trocknet seine Stirn mit ihrem Taschentuche ab)
FERRARI.
Vit-on jamais tant de mali_ce!
So was geschieht un_ter der Son_ne!
Andante. (avec compassion) (inständig)
Pau_vre gar_çon
Mein ar_mer Freund!
PHILIPPO. (à part et tremblant) (zitternd für sich)
Sa main sur mon front! O dé_li_
Ich fühl' ih_re Hand... wel_che Won_
GIANNINA. (soucieuse) (besorgt)
Più vivo. PHILIPPO.
_ce! E_tes vous mieux? Mer_ci! Je n'ai plus mal!
_ne! Ihr seid wohl Krank? O nein ich dank Euch nein!
cresc.
SANDRO. (à part) (für sich)
FERRARI. (à Giannina) (zu Giannina)
C'est trop d'émo_ti_on pour un remer_ci_ment
Das klingt verteufelt warm für ei_nen schönen Dank!
Al_lons fai_re no_tre toi_
Doch schnell jetzt das nächste be_

SCÈNE IX

SANDRO, PHILIPPO

SANDRO, FILIPPO.

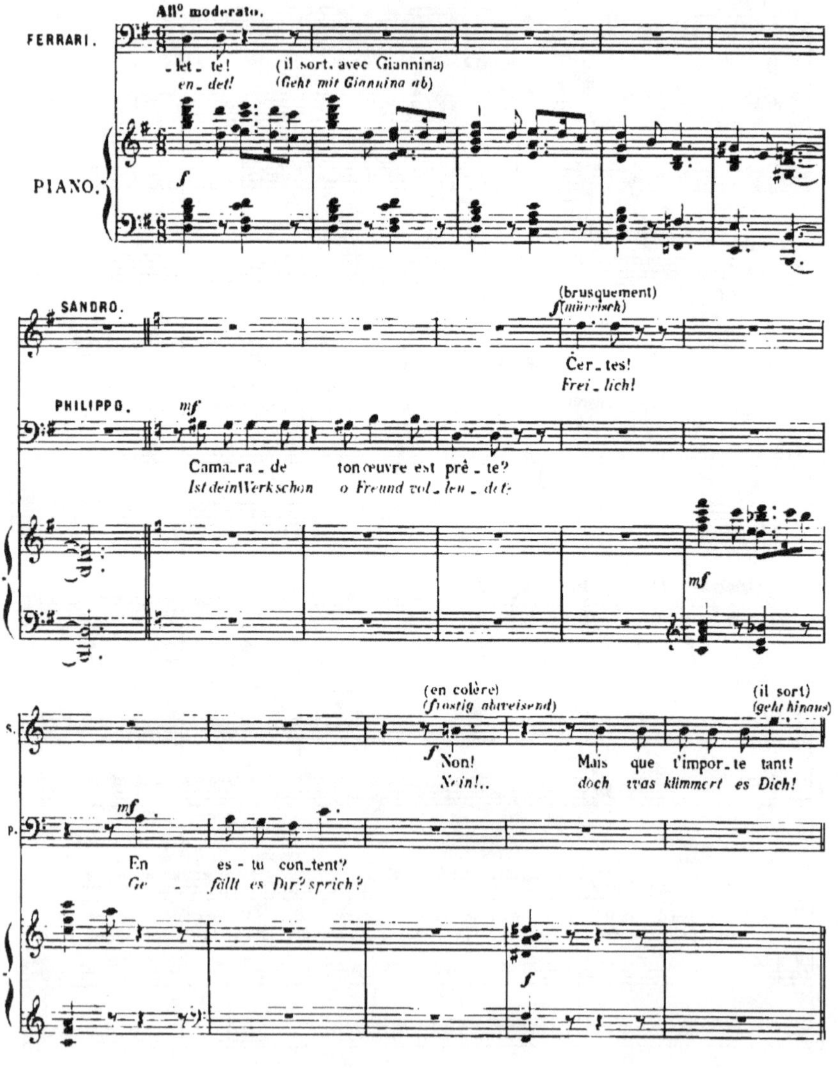

SCÈNE X
RÊVERIE DE PHILIPPO

PHILIPPO, seul.
FILIPPO, allein.

Moderato.

PIANO.

ff *rall. e dim.*

PHILIPPO. *f*

Un en - vi - eux!   Voi - là   que mon cha - grin ____ com - men ___ ce!
Mir die - sen Blick!   Mein bis - chen Son - nen - schein ____ zu nei - den!

Andante (♩= 126)

mf *sf*

cresc.

Ne pourrait-on   être   a - mis   et   ri - vaux?
Ein a - de - lig   Herz   er - trägt   frem - den   Werth!

mf *fp*

ff *mf*

O cœur plein de dé - men ___ ce!   Ce - lui   là   ne sait
Auch das   muss ich er - lei ___ den!   Keinen   Freund   hat mein

mp

D 4648.

pas nonplus | ce que tu vaux! | Gi _ an _ nina | eut pi _
har _ tes Loos | mir bescheert! | Nur Gian_ni _ na hat

_ tié de ma peine en ce mon _ de | Et quand chez mai_tre Ferra _ ri | S'errè _
Mit _ leid ge_zeigt und Er_bar _ men, | mir man_chesmal Freude ge_macht | Ei_ne

_ ta mon en_fance | er _ rante et va_ga_bon _ de, | Si
Zu _ flucht er_schloss | sie hier für mich Ar _ men, | sie

bonne | en m'accueil _ lant | Seule el _ | le n'a pas
nahm | mich freundlich auf, | hat nie _ | mals mich ver_

L'istesso tempo

mf
ri!
lacht!
Toute espé-
Mein gu-ter
mf
(rêvant)
(nachsinnend)
-ran - ce n'est pas en - cor per - du - e
En - gel ist sie in die - - - - sen Räu - men.
pp
f
Oh! je fais un
Ach und wär'sein
mf
p
GIANNINA (revient de sa chambre)
(kommt aus ihrem Zimmer)
(à part, avant d'être vue)
(Ehe er sie bemerkt, für sich)
p
Il est
Er al-
dim.
rê - ve qui me tu - e!
Traum wie süss zu träu - men!
dim.
sf

SCÈNE XI

PHILIPPO. GIANNINA.

FILIPPO. GIANNINA.

Allegro

GIANNINA

seul   Je veux sa-voir   Si Sandro peut en - cor conserver quelqu'es-
lein   ton Al - len weiss,   oh San - dro hof - fen darf auf den

PIANO

(haut)

GIANNINA (*haut*)

- poir!   Phi - lip-po!
Preis!   *Fi - lip - po!*

p   *cresc.*

PHILIPPO (surpris)   GIANNINA.

Zusammenschreckend   *n:p*

f Dieu! _____ c'est el - le!   Il faut que je vous gron-de! Ce
Gott! _____ *sie sel - ber!*   *Ich muss mit Euch schmälen! Ver-*
tr

n'est pas par vous que j'appris   Ce que sait tout le mon - de!
schwie-gen habt Ihr weis-lich mir,   muss sich Al-le er - züh - len!

p

mf
Quoi? vous al - lez concou - rir pour le
Sagt is es wohr? Um den Preis werbt auch
cresc.
sf
Meno moto.
PHILIPPO.
cresc.
prix? Que j'aie ou non le prix Mon œuvre est fai - te Je
Ihr? Er - hielt ich ihn auch nicht, ich durft es wa - gen! Mein
sf
suis heureux! Que m'importe à pré - sent! Ma vie est u - ne
Werk ge - lang! Was bekümmert mich noch? Ja, schon seit vie - len
p
mf
cresc.
rall.
fê - te! Je ca - che mon bon - heur ain - si qu'un a - mou -
Ta - gen ver - barg ich still in mir der Freu - den Über -
sf
rall.

INSPIRATIONS DE PHILIPPO.

Allegretto. (♪ = 138)

reux!
schwong!

mf

tr
cresc.

Tempo.

poco rall.

Tous les matins,   je   gagne   Avant   qu'il
Je _ den Tag,   be _ vor   die Son _ ne

pp

cresc.

fas _ se jour en_cor Un   endroit   que je sais,   là bas dans la campa _ gne   J'em _
auf _ ge_can _ gen, wenn   im fun _ kelndem Thau   die Flu _ ren noch pran _ gen,   da

cresc.

_porte a _ vec moi mon trésor! Et quand le gai _ so_leil se . lè _ ve, Lors _ que
schleich ich ins Feld hi_naus. Der Wind rauschtlei _ sedurchdie Bäu _ me, und die

des buissonsverts, par la nuit ra _ jeu _ nis S'échap _ pe le con_cert é_blou_is_
Ler _ che ver_lässt fröh _ lich trillernd ihr Nest. Dannkommtdererste Strahl und es be_

_sant des nids Je prends mon vi_o_
ginnt mein Fest! Mein Mei sterinstru_

_lon J'im_pro_vise et je ré _ ve Et je
_ment höl' ich vor dann und träu _ me von den

sens près de mon cœur tressaillir l'instrument vain-queur Qui mêle à tous ces chants,où mon
Sai - ten tö - nend es schwebt mie es schau-ert und schillt und bebt! Viel Freu-den un-be-kannt ver-

pp

cresc.

à - me se noi-e, mon â-me se noie, Un hym - ne mer - veil -
ei - nen sich' hell zum schön-sten Kranze! Ein Glück, so wun - der -

mf

cresc.

poco rall.

f

poco accellerando. *cresc.* *rall.* *ff*

- leux de jeu-nes - se de jeu-nesse et de
bar. seh' ich leuch-ten da im Glan - ze da im

poco accellerando.

mp

cresc. *rall.*

f

joi - e!
Glan - ze!

Più vivo.

ff

cresc.

Moderato.
GIANNINA. (à part) (für sich)
Hé_las! pau_vre Sandro!
Trau_rig sieht's um uns aus!
(à Philippo) (zu Filippo)
C'est si beau que ce_la?
Gar so schön ist der Klang?
PHILIPPO.
E_coutez seu_le_ment comme il don_ne le la!
Schon die lee_ren Sai_ten al_lein sind Ge_sang!
GIAN. (comme prise d'une idée subite) (Von einem plötzlichen Gedanken erfasst)
Jou_ez moi donc un air, Je vou_drais mieux l'en_ten_dre
Am Bes_ten ist's Ihr spielt! Lasst Ihr Euch wohl be_we_gen?
PHILIPPO. (à part) (für sich)
Pour mon suc_cès fe_rait el_le des vœux? Sa voix est presque tendre?
So wär mein Glück nicht lan_ge mehr fern? Ihr scheint da_ran ge_le_gen?
dim. pp rall.
(à Giannina) (zu Giannina)
Vraiment vous vou_lez? Ihr hörtet mir zu?
GIANNINA
Oui je veux!
Ja, sehr gern!

SOLO DU LUTHIER

(Philippo tire son violon de l'étui brun clair placé à côté de l'étui noir de Sandro, et il joue)

Filippo nimmt aus seinem, neben Sandro's Geige auf dem Tische stehenden braunen Kasten eine Violine hervor und spielt)

(Giannina fond en larmes)
(Giannina bricht in Thränen aus)

calando.

AVEU D'AMOUR

PHILLIPO (♪ = 116)
Allegretto con moto. (♪ = 116)
espressivo.
mf
p
Que vois - je?
Was seh ich?
Vous pleu - rez?
Wie? Ihr weint?
cresc.
p rall.
dolce.
sempre pp
Eh! quoi ce pau - vre Phi - lip - po fait pleurer, lui qui fai - sait ri - re,
Wer hät - te das von mir ge - dacht? Ich der Viel - ver - lach - te, rüh - re zu Thrä - nen!
Meno moto. (♪ = 92)
mezza voce.
cresc.
Ce - la prouve que l'art est beau!
So gross ist der Tö - ne Macht!
N'est - ce pas,
Klingt es nicht,
pp
sempre pp

on di - rait___ u - ne voix qui sou - pi - re? Ce n'est
hier her - vor___ wie verschwie-ge - nes Seh - nen? Was sind

pas, au don___ pré - ci - eux, A la chaî - ne d'or que je
al - le Eh - ren der Welt, wär die Ket - te selbst ei - ne

pen - se Je ne veux d'au-tre ré - com - pen - se___ Que les chers
Kro - ne! Nicht ver - lang ich nach höh'_rem Loh - ne___ als den rei - nen

di - a - mants___ qui tom - bent de vos yeux!
Di - a - mant, der aus En - rem Au - ge fällt!

Mod^te (terrifiée) (bestürzt)
GIANNINA.
Ar_rê_tez! Je ne puis vous tromper da_van_ta _ ge!
Hal_tet ein! Mögt Ihr mich da_rum schmä_hen, verdam _ men!
cresc.
Non! ce n'est pas ce _ la Qui fait couler mes pleurs!
Wisst! nicht was Ihr ge _ spielt, erschüt_ter_te mein Herz!
(Philippo se lève) (à part)
(Filippo steht auf) (für sich)
O Philip_po! Cou_
Fi_lip_po nimm Dich zu
_ra _ ge! D'où viennent vos dou_leurs?
_sam_men! Wo_her dann Euer Schmerz?
haut
laut
GIANNINA.
Je fai_sais des vœux pour un au_tre! Et mon bon_
Ich ge_dach_te trau_ernd des Theuern, und meiner
_heur est détruit par le vô _ tre
Wün_sche zerstört durch die Eu _ ern!
PHILIPPO.
Vous aimez? Ihr liebt?
accel.
Oui! Ja!
Sandro? Sandro?
J'ai Mein
appassionato.

Allegro ma non troppo. (♩ = 100)

dit   le se.cret   de ma   vi - e!
Herz   hab' ich preis Euch ge - ge - ben

Je vous le con -
un - ter Angst' und

Celle à   qui   je donnais_____   ma
Ja   sie   der ge.weiht _ich mein

_ fi - e.
Be - ten!

Mais _____ je souffrais   trop!
Gross_____ ist mei . ne   Noth!

cresc.

vie   Et tout mon gé - nie,   Et   ma   vi . e.   mon   gé -
Le - ben es dar ihr bet.   all   mein   Le . ben, es dar   ihr

cresc

Mais _____ je souf.frais   trop!
Gross_____ ist mei . ne   Noth!

J'ai   dit   le se . cret   de ma
Mein   Herz   hab' ich preis Euch ge -

_ nie   et   ma   vi - e,   De . vient mon bourreau,   De -
bot,   all   mein   Le - ben   sie   gicbt   mir den Tod,   sie

tranquillo.

vie Par _ don _ nez à votre a _ mi _ e! Hé
_ ge _ ben Eu _ rer Freun _ din wollt ver _ ge _ ben! Ihr

vient mon bourreau!
giebt mir den Tod!

tranquillo.

dim.

p

_ las j'a _ do _ re San _ dro! Je
seid's, der San _ dro be _ droht! Ich

Il faut donc que j'ou _ bli _ e
So _ rein wär mein Be _ stre _ ben!

mp

souffre autant que vous, Oubli _ ez moi, Je vous en sup _ pli _ e! J'ai
lei _ de mehr als Ihr, denn die Ge _ fahr sch'ich rä _ her schwe _ ben! Mein

ff

C'é
Ja

cresc.

dit le se_cret de ma vi _ e, Pardon_nez à votre a _ mi _ e! Oubli_ez
Herz hab'ich preis Euch ge _ ge _ ben! Eu_rer Freun _ din wollt ver_ge _ ben:Gross ist die

_tait u_ne fo_li _ e, u_ne fo_li _ e! Elle ai _ me donc San
sie, der ich ge_weiht all mein Le _ ben, ja sie giebt mir den

mf

cresc.

molto rall.

(Giannina sort. Philippo reste seul, agité. d'abord, puis plus calme)

moi, Ou_bli_ez moi! (Giannina geht in ihr Zimmer zurück. Filippo bleibt in heftiger Bewegung,
Noth gross ist die Noth! die nach und nach in ruhigeres Nachdenken übergeht)

_dro! San _ dro!
Tod den Tod!

Tempo.

molto rall.

f

ff

dim.

SCÈNE XII

PHILIPPO seul. (Chœur dans la coulisse)
FILIPPO allein. (*Chor hinter der Scene*)

dim.

U _ ne jo _ lie et bon _ ne fil _ le! U _ ne bel _ le chaî ne d'or!

Frisch ge_wagt und dreist be_gon _ nen! Stellt Euch al _ le ein zum Strauss!

U _ ne jo _ lie et bon _ ne fil _ le! U _ ne bel _ le chaî ne d'or!

PHILIPPO *(qui songeait bondit)*
(aus seinem Brüten auffahrend)
(parlé)

Sandro, peut - ê _ tre dans la vil _ le ne se_ra pas le plus ha _ hi _ le

Doch wie wenn San _ dro zum Ver_der _ ben sich Ge schickt_re noch be _ wer _ ben?

Soprani.

U _ ne jo _ lie et bon _ ne fil _ le! U _ ne bel _ le chaî _ ne d'or!

Wer den gold _ nen Schatz gewon _ nen, trägt ihn dop _ pelt heut nach Haus!

(il s'avance vers la table,
Er tritt an den Tisch und

cresc.

Si quelque autre ou _ vri _ er _ _ _ al _ lait a _ voir le prix!

Wenn ein Drit _ ter viel _ leicht _ _ den Eh _ ren_preis er _ reicht?

74

et determiné ouvre les deux étuis)
(öffnet mit plötzlichem Entschlusse die beiden Violinkästen)

Andte moderato. (♩ = 60)

Je ne veux pas que la
Das darf nicht sein, und mein

pauvre enfant pleu_re!
Kindchen soll nicht weinen!

Je ne lut_te_rai pas!
Dem Wettkampf bleib ich fern!

On viendra tout a
*Bald müssen sie er_*

l'heu_re!
_scheinen!

Ces instruments sont pa_reils
Die Geigen se_hen sich gleich,

et je puis renoncer à mon œuvre,
ja, heraus will ich nehmen die sei_re

en les chan_
die Geigen

(il prend les deux violons)
(Er nimmt die Geigen heraus, um sie zu vertauschen)

Andante. (♩ = 52)
con molto sentimento.

_geant d'é_tuis! Je puis _me pardon_ner.
tausch ich aus! Wer zu_lert meine Hand!

ma fai_bles_se der_
*Wer wollt es mir auch ver_*

(il contemple son violon)
(er betrachtet zärtlich seine Violine)

cresc. *f*

_ niè _ re   *mf* Car dans ce coffre é _ troit et noir comme une biè _ re
_ ar _ gen!   In die _ sen schwarzen Kas _ ten will ich ein dich sar _ gen

cresc.

f

p   cresc.   poco a poco rall. cresc.   *f*

Je crois en te posant tant j'ai le cœur en deuil.   Que c'est mon enfant
fahr hin, du holder Traum von Ruhm und Lie _ besglück!   Wie auf ein dunkles

pp   cresc.   poco a poco rall.

ff   dim.   poco rall.

mort que je couche au cer _ cueil!
Grab blick ich trüb' _ auf dich zu _ rück!

f   *p*   poco rall.   *pp*

L'istesso tempo.

(il baise son violon et les change tous deux d'étuis)   (d'une voix rauque)
PHILIPPO. (Er küsst die Violine legt sie in Sandro's Kasten und macht beide Deckel zu)   (mit dumpfer Stimme)

mf C'est fait!
Es ist vo ll-bracht!

mf   *f*   *sf*

D 4658.

SCÈNE XIII

(PHIL. FERR. SAND. Chœur. Plus tard. GIAN. Les apprentis en toilettes de fête, portent des étuis à violons)
(FIL. FERR. SAND. und Chor von Gesellen und Buben in festlicher Kleidung; sie tragen Violinküsten. Später Giannina)

D. 4838

cresc.
De por_teurs de vi_o_lons! Al_lons Al_lons Al_lons!
Kas_ten_trä_ger je_der_mann! Kommt schliessen wir uns an!
De por_teurs de vi_o_lons! Al_lons Al_lons Al_lons!
f
FERRARI.
L'istesso tempo.
(aux ouvriers)
(Zu den Schülern)
Dépêchons nous car l'heure approche! E_tes vous tous prêts double croche! Les en_
Schon Viele sind vor_an_ge_zo_gen hat auch jeder Gei_ge und Bo_gen? Al_so
vois sont-ils pré_pa_rés J'es_pè_re mes en_fants que vous tri_om_phe_
geh'n wir, denn es ist Zeit! Zu_sammen neh_met Euch, gar hi_tzig wird der
ff
(Philippo remet à Sandro son étui; Sandro emporte les deux étuis et sort)
(Filippo überreicht Sandro seinen Kasten; Sandro geht ab und nimmt beide Kästen mit)
Meno moto.
_rez!
Streit!
mp

(Giannina entre. Elle est en toilette de fiancée)
(Giannina tritt im Brautkleide herein)

mp Voi - ci la per - le de Cré - mo - ne Elle est ton Er -
O seht, da kommt die Braut ge - gan - gen,

cresc.

dou - ce jo - lie et bon - ne Et je la donne a - vec mon
- war - tung roth die Wan - gen! Der höchste Preis, in vor - aus

cresc.

fonds, a - vec son cœur, A ce - lui qui se - ra vain - queur!
wird er Euch ge - zeigt! Und nun frisch da - rauf los ge - zeigt!

cresc.

Soprani.

U - ne jo - lie et bon - ne fil - le U - ne bel - le chai - ne d'or!

Tenori.

Frisch ge - wagt und dreist be - gon - nen! Stellt Euch al - le an zum Strauss!

Bassi.

U - ne jo - lie et bon - ne fil - le U - ne bel - le chai - ne d'or!

Allegro mod.to quasi l'istesso tempo.

D 3043

ff Dieu! Ce jeu _ ne dril _ le! Il va ga_gner un dou_ble tré_sor!

ff Wer den Schatz ge _ won _ nen, der trägt ihn dop _ pelt heu _ te nach Haus,

ff Dieu! Ce jeu _ ne dril _ le! Il va ga_gner un dou_ble tré_sor!

Dieu! Ce jeu _ ne dril _ le! Il va ga_gner un dou_ble tré_sor!

wer den Schatz ge _ won _ nen, der trägt ihn dop _ pelt heu _ te nach Haus!

Dieu! Ce jeu _ ne dril _ le! Il va ga_gner un dou_ble tré_sor!

Animato.

(Tous sortent, sauf Philippo.)
(Alle ziehen hinaus ausser Filippo,

D 4648

SCÈNE XIV.

PHILIPPO, seul

FILIPPO, allein.

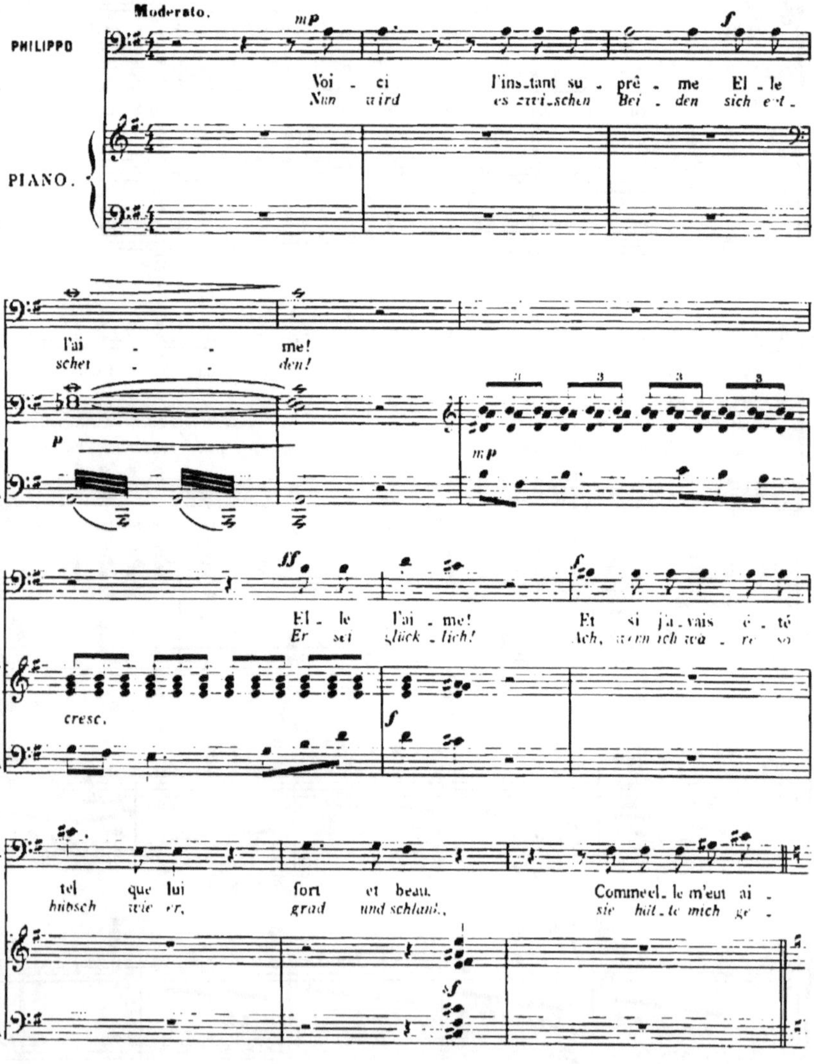

SCÈNE XV.

PHILIPPO, SANDRO. (Chœur dans la coulisse.)
FILIPPO, SANDRO. (Chor hinter der Scene)

(Entre Sandro, affolé.)
(Sandro eilig vom Hintergrunde, in grösster Verwirrung.)

PHILIPPO.

don! Par don! Qui? Moi te par.don.
zei he mir! Wer? Ich! Ich soll ver_

cresc. mf SANDRO. AII° vivo. (♩ = 160)

_ner, mon a _ mi? Et quoi donc Vois - tu? je l'ai.mais_
zeihn? Dir ver_ zeih'n? Ich Dir? Ver _ nimm: So bang und

cresc.

_trop j'a_vais l'âme ob _ sé_ dé_
schwer hat das Herz mir ge_schla _ _

mp cresc mf

e! Et je ne pouvais pas me faire à cette i
gen! Und die Qual des Ge dan _ kens war nicht zu er_

dim. p cresc.

D 4048

-dé - e Qu'un ri - val, quel qu'il fut pût me vaincre à ses yeux Je
tra - gen, dass ein And_rer als ich ge - wön - ne mein Lieb! Da -

suis_____ un mi_sé_rable, un lâ che un en_vi_
ran_____ mardich zum Schelm zum Feig - ling_____ und zum

Poco meno moto.

- eux_____ Lors _ que j'eus ton chef-d'œuvre en mes mains
Dieb!_____ Als in Dir mei_nen Mei _ ster ich fand

C'est in _ fâ _ me! Mais la ten_ta_ti_on se glis_
kam der Zwei _ fel, ich ver_ lor den Ver_ stand mich ver_

_sa dans mon â _ me J'a_vais le cœur per_du de rage et de dou_
such _ te der Teu _ fel... Nacht war's vor mei_nem Geist, mein bess_res Ich ent_
_leur, J'ai cé_dé!... Près d'i_ci trem_blant comme un vo_leur Sous l'om_bre d'un por_
_schwand, und ich fiel! Nah von hier, mit ruch_lo_ser Hand, im Schat_ten ei_ner
Più vivo.
_tail des ru_el _ les é_troi_tes Philip_po j'ai chan_gé nos vi_o_
Thür wo mich nie_mand be_lauschte, da ge_schah! dass ich un_sere
lons de boites!
Gei_genvertauschte!
Meno moto.
J'ai pris la fui_te Venge_toi Devant tous dévoi_le ma con_
Ich floh mit Schrecken meine Schmach magst Du nun vor al_ler Welt ent_
PHILIPPO.
Toi!
Du!
Meno moto.

(Il tombe à genoux)
(fällt auf die Knie)
PHILIPPO.
_dui _ te! Non, Sandro, je n'ai pas besoin de me ven _ ger. Ton propre châtiment, Tu
_de _ cken! Nein, mein Freund, nicht steht die Ra _ che bei _ mir, denn Deine Züchtigung em_
SANDRO.
(Il se lève)
(steht auf)
Que dis-tu?
Wieso?
viens de t'en charger Cette gloire à mon chef d'œuvre du _ e, Je te l'a_vais cé_
pfingst Du schon von Dir, Und der Kranz, den ich vom Haupt ge_nommen, ich trat ihn gern Dir
Com_ment?
Was heisst das?
cresc.
_dée et tu me l'as ren_du _ e, Ces instru_ments que ta main é_chan_
ab ist nur zu rück ge_kom _ men! Die Ins_tru_men_te, die du vertauscht, du
cresc.
SANDRO.
_gea Moi mê_me je les ai chan_gés d'é_tuis dé_jà! Pourquoi l'a_vais_tu
Thor, ich sel_ber hat_te sie ver_wech selt schon zu_vor! Wa_rum hast Du's ge_

PHILIPPO. cresc.
Più vivo.
faite? Par_ce que je l'a_do_re! Et par_ce que c'est toi que l'en_
than? Ihr wundes Herz zu hei_len! Ich lie_be sie wie Du_a_ber
_fant pré_fé_rait! Mais cou_rons! J'espère en_co_re Car
mich liebt sie nicht Nun, wohl_an, wir müssen ei_len dass
cresc.
si j'é_tais vain_queur Comme el_le pleu_re_rait! (ils sortent en courant
kei_ne Thräne mehr trü_be das En_gels_ge_sicht! (Beide eilig ab)
Allegro non troppo.
Dans la coulisse, (Choeur au lointain) (le rideau se baisse lentement pendant le Choeur)
(Chor aus der Ferne) (Zwischenvorhang fällt langsam während dem Chor)
Soprani.
U_ne jo_lie et bon_ne fil_le u_ne bel_le chaî_ne d'or!
Tenori.
Frisch ge_wagt und dreist be_gon_nen! Stellt Euch Al_le ein zum Strauss!
Bassi.
U_ne jo_lie et bon_ne fil_le u_ne bel_le chaî_ne d'or!

Dieu! le jeu _ ne dril _ le Il va gagner un double trésor!

Wer den Schatz ge _ won _ nen, der trägt ihn dop _ pelt heute nach Haus!

Dieu! le jeu _ ne dril _ le Il va gagner un double trésor!

Allargando.

D. 4848.

INTERLUDE

cresc.

un poco allargando.

poco più vivo

sf   sf   sf   sf

Fin du 1er Acte.

D 4048.

ACTE II
ZWEITER ACT.

La grande place publique de Cremone. A gauche, la maison de Ville. Au fond, des montagnes. Foule en fête on danse la Tarentelle.

Der Hauptplatz von Cremona. Links das Rathaus, im Hintergrund das Gebirge. Buntes Volkstreiben. Man tanzt die Tarantella.

Tempo di Tarentola (♩ = 152)

_le dans l'air___ Un___ souf _ fle mé _ lo _ di _ que

Stras _ sen nie _ der rauscht und braust es hin und wie _ der,

_le dans l'air Un souf _ fle me _ lo _ di _ que

Dans la rue on res _ pi _ re, on ___ sent de

ein ver _ worr _ nes bun _ tes Klin _ gen We _ ben, Schwe _ ben,

Dans la rue on res _ pi _ re, on sent de

la mu _ si _ que! Par la flû _ te d'Eu _ terpe

Seuf _ zen. Sin _ gen! Ist's Eu _ ter _ pens Flö _ ten _ spiel?

la mu _ si _ que! Par la flû _ te d'Eu _ terpe

cresc.
et le luth d'A - pol - lon! A cha - que car - re -
cresc.
Schlägt die Lei - er gar A - poll? Was zu viel ist,
et le luth d'A - pol - lon! A cha - que car - re -
cresc.
- four! s'ac - corde un vi - o - lon!
ff
ist zu viel! Ich wer - de toll!
ff
- four! s'ac - corde un vi - o - lon!
ff
dim.
p
Dans tous les pi - gnons noirs dans tou - tes les tou - rel -
p
Von dem Kel - ler bis zum Bo - den mu - si - ka - lisch je - des
p
Dans tous les pi - gnons noirs dans tou - tes les tou - rel -
p

Poco meno moto
pp
_les, On en _ tend dou _ ce _ ment gé _
Haus! E _ le _ gien, Ro _ man _ zen. O _ den! Nein, das
_les, On en _ tend dou _ ce _ ment gé _
mf a Tempo.
mir les chan _ te _ rel _ les, Et Cré _ mo _ ne où gran _
mf
halt ein An _ drer aus! Selbst die Pflas _ ter _ stei _ ne
mir les chan _ te _ rel _ les, Et Cré _ mo _ ne où gran _
cresc.
_dit un con _ fus cres _ cen _ do vi _ bre
tö _ nen un _ ter ei _ nem Künst _ ler _ tritt! Da
_dit un con _ fus cres _ cen _ do vi _ bre

94

comme un or _ chestre au le _ ver du ri _ deau

_ran mich zu ge _ wöh _ nen: mach ich selbst am En _ de mit!

comme un or _ chestre au le _ ver du ri _ deau

Presto.

D. 4698.

Sandro et Philippo arrivent essoufflés devant l'Hôtel de Ville. En même temps, entouré des membres du jury et des notables apparaît le Podestat, au haut du perron

Sandro und Filippo kommen athemlos vor der Rampe des Stadthauses an. Zugleich erscheint, umgeben von dem Rathe und den Preisrichtern der Bürgermeister auf der Plattform der Rathaustreppe

D 4848

Allegro.
ff
PODESTAT.
(à Philippo)
(zu Filippo)
f
Viens! Je te pro - cla - me
Komm! empfan - ge die - sen
Moderato.
f
FERRARI.
(avec joie)
(erfreut)
ff
Ah Philip - po en-fin c'est toi!
Ha Fi - lip - po, theu-rer Sohn!
P.
f
roi!
Lohn!
De -
Ich
Allegro
ff
Moderato.
P.
cresc.
- vant tou - te la con-fré - ri - e Je te cou - ronne et te ma -
rüh - me Dei - ne Meis-ter - pro - be, zum Prei - se Dir, der Stadt zum
mf
cresc.

_ri_ - _e!_
_Lo_ - _be!_
Te voi_
Du bist

Allegro.

_- là   grand maî _ tre du   luth_
_Kö _ nig nach Mei _ ster _ brauch!_

Moderato.   Allegro.

(il tire la chaîne d'or d'un étui que lui tend un valet)
(Die goldene Kette von dem Kissen nehmend, das ein Diener hält)

_Mais   a _ vant tout   voi _ là   que je me le rap_
_A _ ber vor al _ lem   nimm   oll _ hier den Preis der_

(il passe la chaîne d'or au cou de Philippo)
(Er legt Filippo die Kette um den Hals)

_- pel _ le' La   chai _ ne   d'or!_
_Eh _ re; die   Ket _ te   auch!_

Più vivo.

D. 4648

(Philippo remercie en s'inclinant, et retire la chaine)
(Filippo dankt und nimmt die Kette wieder ab)
PHILIPPO.
Je l'offre à Gi_an_ni_na la belle, En la pri_ant d'en faire un bi_jou fa_vo_ri Quand mon a_mi Sandro de_viendra son ma_ri!
Er _ laubt dass ich sie der Schö _ nen zu_be_scheere! Ihr soll das Klei _ nod präch _ tig steh'n, wird sie mit dem Ge_lieb_ten zum Al _ ta _ re geh'n!
cresc.
fff
p
(il remet à Giannina, la chaine d'or)
(Er überreicht Giannina die Kette)
FERRARI.
(Ferrari qui ne comprend pas s'adresse à Giannina)
(Ferrari missversteht: zu Giannina)
Viens met_tre ta main si fi_ne Dans cel_le de ton ma_ri!
Da habt Ihr mei_nen Se_gen! Es mag, wie es soll gescheh'n!
mf
(Philippo prend Sandro par la main et lemmene devant Giannina)
(Filippo nimmt Sandro bei der Hand und führt ihn Giannina zu)
PHILIPPO
Laissez Maître Fer_ra_ri
Euch Beid' glück_lich zu seh'n,
mf
p

Ne trem.blez pas Gi_an . ni - ne! Je veux al_ler au loin,
an nichts sonst ist mir ge . le - gen! Ich tra_ge meine Kunst

pourme faire un grand nom! Je ne deman.de pas de sou_ve_nirs fi_
in ein an_de_res Land! Und wollt Ihr ei_ne Gunst' dem Scheidenden noch

.de _ les Et quand vous me ver _ rez fran _ chir cet ho_ri_
schen _ ken, ver . sprecht, dass Ihr an ihn, den Ihr als Freund ge_

_zon Sui_vez - moi — du re _ gard __ comme les hi_ron_del _ les!
_kannt, lie _ be _ voll, wie der Tod _ ten man denkt, wer_det den _ ken!

Poco più vivo

GIANNINA
f Bon Phi‿lip ‿ po! Bon Philip ‿ po Mon noble a ‿ mi! _____
Mein ed‿ler Freund, mein ed‿ler Freund, mein ed‿ler Freund! _____

SANDRO.
Bon Philip‿ po Mon noble a ‿ mi! _____
Mein.ed‿ler Freund, mein ed‿ler Freund! _____

FERRARI.
Bon Philip ‿ po Quel noble a ‿ mi! _____
Ein ed‿ler Freund, ein ed‿ler Freund! _____

PODESTAT.
Bon Philip ‿ po Quel noble a ‿ mi! _____
Ein ed‿ler Freund, ein ed‿ler Freund! _____

Soprani.
mf Bon Phi‿lip ‿ po! Quel noble a ‿ mi Quel noble a ‿ mi! _____

Tenori.
mf Ein ed‿ler Freund, ein ed‿ler Freund, ein ed‿ler Freund! _____

Bassi.
mf Bon Phi‿lip ‿ po! Quel noble a ‿ mi Quel noble a ‿ mi! _____

GIANNINA.
Que Dieu, Phi ‿ lip ‿
O Freund mei ‿ ne

G.
_po, te bé _ nis _ _ se,
Wün _ sche be _ glei _ _ ten
Sur la route où tu bril _ le _ ras, sur la route
ü _ ber_all Dich im frem_den Land, ü _ ber_all
cresc.
8
où tu bril _ le _ ras Qu'on rende à ton ta _
Dich im frem _ den Land! Dein Na _ me sei zu
ff
f
poco rall.
_lent jus _ ti _ ce! Que les lau _ riers ___ chargent tes
al _ len Zei _ ten mit ho_hen Eh _ ren nur ge _

mf
bras! Que Dieu te bé - nisse o Phi_lip-
nannt! O Freund, dich be - glei - ten ü - ber -
SANDRO.
mf Bon Phi_lip - po Quel sa_cri - fi_ce! Par toi, par
Nur um uns Freu_de zu be - rei_ten als gu - ter
PHILIPPO
mf Vio_lon sour_ce de dé - li_ces, sour - _ce de dé -
Du ge - lieb_tes Spiel der Sai_ten bleibst zum Tros_te
FERRARI.
mf Ah! Phi_lip - po c'est un ca - pri_ce! Bien - tôt tu t'en re_pen_ti -
Nicht will ich wei_ter mit dir strei_ten Fi - lip_po, wo bliebVer-
PODESTAT
mf Ah! Phi_lip - po, que s'ac_com - plis_se le vœu de ceux que tu char -
Du sollst zu neu_en Sie_gen schrei_ten als Meis_ter bist Du an_er-
Soprani.
mp Ah! Phi_lip - po que s'ac_com - plis_se le vœu de ceux que tu char -
Tenori.
mp Du sollst zu neu_en Sie_gen schrei_ten als Meis_ter bist Du an_er-
Bassi.
mp Ah! Phi_lip - po que s'ac_com - plis_se le vœu de ceux que tu char -
Andante.
f mp

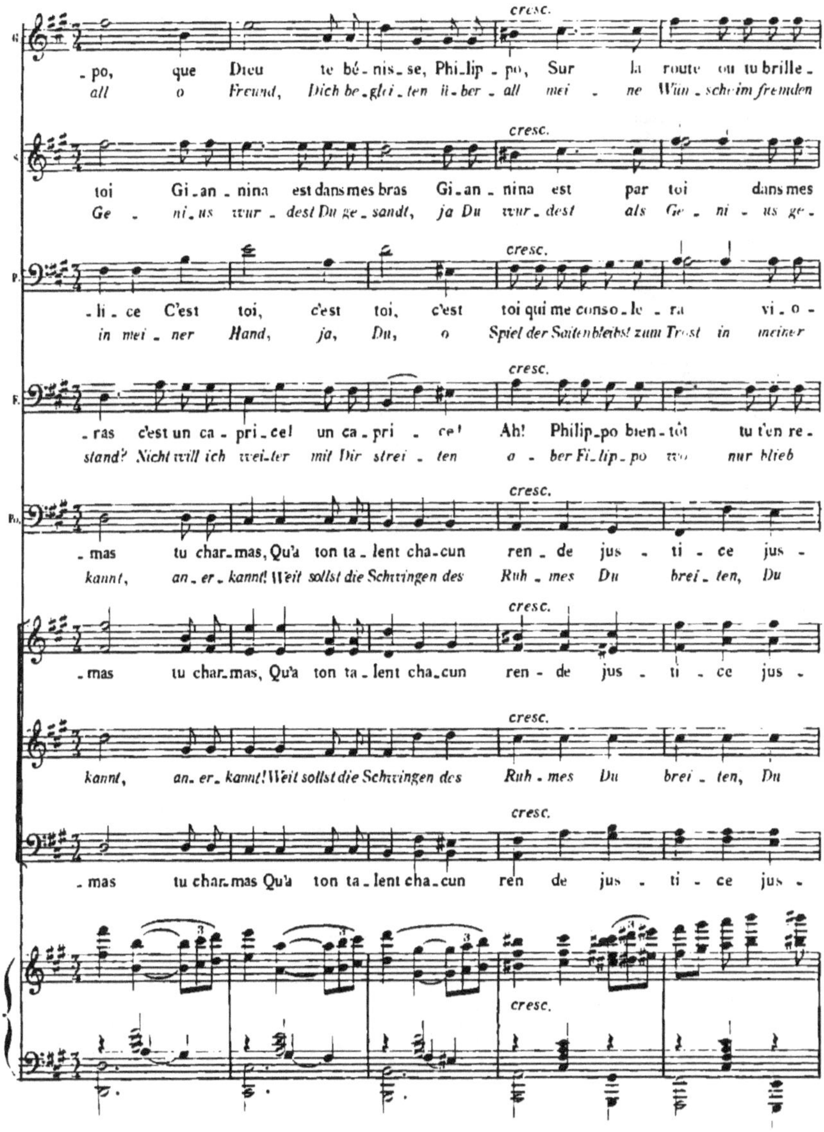
cresc.
-po, que Dieu te bé-nis-se, Phi-lip-po, Sur la route ou tu brille-
all o Freund, Dich be-glei-ten ü-ber-all mei-ne Wün-sche im fremden
cresc.
toi Gi-an-nina est dans mes bras Gi-an-nina est par toi dans mes
Ge-ni-us wur-dest Du ge-sandt, ja Du wur-dest als Ge-ni-us ge-
cresc.
-li-ce C'est toi, c'est toi, c'est toi qui me conso-le-ra vi-o-
in mei-ner Hand, ja, Du, o Spiel der Saiten bleibst zum Trost in meiner
cresc.
-ras c'est un ca-pri-ce! un ca-pri-ce! Ah! Philip-po bien-tôt tu t'en re-
stand? Nicht will ich wei-ter mit Dir strei-ten o-ber Fi-lip-po wo nur blieb
cresc.
-mas tu char-mas, Qu'a ton ta-lent cha-cun ren-de jus-ti-ce jus-
kannt, an-er-kannt! Weit sollst die Schwingen des Ruh-mes Du brei-ten, Du
cresc.
-mas tu char-mas, Qu'a ton ta-lent cha-cun ren-de jus-ti-ce jus-
cresc.
kannt, an-er-kannt! Weit sollst die Schwingen des Ruh-mes Du brei-ten, Du
cresc.
-mas tu char-mas Qu'a ton ta-lent cha-cun ren de jus-ti-ce jus-
cresc.

L'istesso tempo
_ras! Et l'art con_so_le _ ra ton
Land! Du hast, Du heh_re Kunst, ihm
bras! Et l'art con_so_le _ ra ton
sandt! Du hast, Du heh_re Kunst, ihm
_lon! Source de dé_li _ ce, Source de dé_li _ce,
Hand! Lie_bes Spiel der Sai _ ten, Lie_bes Spiel der Sai_ten
_penti_ras! L'art con_so_le _ ra ton
Dein Verstand! Du hast heh_re Kunst, ihm
_ ti _ ce Et l'art con_so_le _ ra son
brei _ ten! Du hast, Du heh_re Kunst, ihm
_ ti _ ce Et l'art con_so_le _ ra son
brei _ ten! Du hast, Du heh_re Kunst, ihm
_ ti _ ce Et l'art con_so_le _ ra son

G.
cœur en do-lo - ri et l'art conso-le - ra conso-le
Heil und Trost ge - bracht, wir prei - sen Deine Macht, Du hehre
S.
cœur en do-lo - ri et l'art conso-le - ra conso-le.
Heil und Trost ge - bracht, wir prei - sen Deine Macht. Du hehre
P.
toi, qui me con - sole-ra! Hon - neur à l'a-te - lier, à l'a-te-
du bleibst zum Trost meiner Hand! Ich prei - se Deine Macht, mein Saiten-
F.
cœur en do-lo - ri Et l'art conso-le - ra ton
Heil und Trost ge - bracht, wir prei - sen Deine Macht, Du
Pb.
cœur en do-lo - ri Hon - neur à l'ate - lier, à l'ate -
Heil und Trost ge - bracht, wir prei - sen Deine Macht, Du hehre
cœur en do-lo - ri Hon - neur à l'ate - lier, à l'ate -
Heil und Trost ge - bracht, wir prei - sen Deine Macht, Du hehre
cœur en do-lo - ri Hon - neur à l'ate - lier, à l'ate -
m.g.

Philippo commence à gravir la montagne. Tous se tournent vers lui et le rideau se baisse lentement.
Filippo steigt den Berg hinan; alle wenden sich ihm zu. Der Vorhang fällt langsam.

D. 4048

Imp. DURAND & Cie 12 rue Martel, Paris

www.ingramcontent.com/pod-product-compliance
Lightning Source LLC
Chambersburg PA
CBHW030540270326
41927CB00008B/1456